CATALOGUE

D'UNE

BELLE ET NOMBREUSE RÉUNION

D'OBJETS D'ART

ET DE CURIOSITÉ

Beau Vase en cristal de roche, avec monture en vermeil de la fin du quinzième siècle; Plateaux et Coffret en écaille piquée et posée d'or, avec incrustations de nacre; Boîte à bijoux en nacre de perle enrichie d'ornements Louis XV en or; Tabatières en or émaillé, en mosaïque de Dresde, en matières précieuses, en ancienne porcelaine de Saxe, etc.; Bagues enrichies de brillants, rubis, émeraudes, etc.; Montres en or émaillé Bijoux divers; Éventails; Cristaux de roche pour lustres; Sculptures en bois et en ivoire; Armes diverses; Pendules allemandes; Candelabres et Flambeaux Louis XVI; **très-belles Porcelaines** de Chine, du Japon, de Saxe, de Sèvres, etc; Groupes et Statuettes en ancienne porcelaine de Saxe et quantité d'Objets divers.

DONT LA VENTE AUX ENCHÈRES PUBLIQUES AURA LIEU

HOTEL DES COMMISSAIRES-PRISEURS

Rue Drouot, n° 5

SALLE N° 5, AU 1er ÉTAGE

Les Lundi 15, Mardi 16 et Mercredi 17 Décembre 1862

A 1 HEURE 

Par le ministère de **M° ESCRIBE**, Commissaire-Priseur,
rue Saint-Honoré, 217,
Assisté de **MM. MANNHEIM**, Experts, rue de la Paix, 10,
CHEZ LESQUELS SE DISTRIBUE LE PRÉSENT CATALOGUE

EXPOSITION PUBLIQUE

Le Dimanche 14 Décembre 1862, de une heure à cinq heures.

PARIS — 1862

CONDITIONS DE LA VENTE

Elle sera faite expressément au comptant.

Les Acquéreurs paieront CINQ POUR CENT en sus du prix d'adjudication, applicables aux frais.

CATALOGUE

D'UNE

BELLE ET NOMBREUSE RÉUNION

D'OBJETS D'ART

ET DE CURIOSITÉ

Beau Vase en cristal de roche, avec monture en vermeil de la fin du quinzième siècle; Plateaux et Coffret en écaille piquée et posée d'or, avec incrustations de nacre; Boîte à bijoux en nacre de perle enrichie d'ornements Louis XV en or, Tabatières en or émaillé, en mosaïque de Dresde, en matières précieuses, en ancienne porcelaine de Saxe, etc.; Bagues enrichies de brillants, rubis, émeraudes, etc.; Montres en or émaillé; Bijoux divers; Éventails; Cristaux de roche pour lustres; Sculptures en bois et en ivoire; Armes diverses; Pendules allemandes; Candelabres et Flambeaux Louis XVI; **très-belles Porcelaines** de Chine, du Japon, de Saxe, de Sèvres, etc; Groupes et Statuettes en ancienne porcelaine de Saxe et quantité d'Objets divers.

DONT LA VENTE AUX ENCHÈRES PUBLIQUES AURA LIEU

HOTEL DES COMMISSAIRES-PRISEURS

Rue Drouot, n° 5

SALLE N° 5, AU 1er ÉTAGE

Les Lundi 15, Mardi 16 et Mercredi 17 Décembre 1862

A 1 HEURE

Par le ministère de **Me ESCRIBE**, Commissaire-Priseur,
rue Saint-Honoré, 217,

Assisté de **MM. MANNHEIM**, Experts, rue de la Paix, 10,

CHEZ LESQUELS SE DISTRIBUE LE PRÉSENT CATALOGUE

EXPOSITION PUBLIQUE

Le Dimanche 14 Décembre 1862, de une heure à cinq heures.

PARIS

RENOU & MAULDE

IMPRIMEURS DE LA COMPAGNIE DES COMMISSAIRES-PRISEURS
Rue de Rivoli, 144

1862

M. d'Etheraut

DÉSIGNATION

DES OBJETS

1 — Très-beau vase en cristal de roche, de forme ronde et à pans ; avec riche monture en vermeil du XV⁰ siècle.

Sa base se compose d'ornements à fleurs, ciselés et repoussés, de style gothique, enrichis de pierres précieuses, taille cabochon. Trois cygnes également en vermeil et ornés de cabochons, terminent l'ornementation de sa partie inférieure.

La gorge du vase et la monture du couvercle, de même en vermeil, se composent d'ornements de même style que la base.

Quelques parties intérieures de ce beau spécimen d'orfèvrerie du XV⁰ siècle, portent des sujets de chasse et des ornements divers, très-finement gravés.

Nous appelons l'attention de MM. les Amateurs sur cette belle pièce.

2 — Joli plateau de forme contournée, en écaille piquée et posée d'or, avec incrustations de nacre de perles gravée ; le sujet du fond se compose de figures dans le style chinois, et d'animaux divers. La bordure présente des ornements très-fins dans le goût du siècle de Louis XIV. Pièce rare.

3 — Petite cassette de forme contournée, en écaille piquée
et posée d'or, avec incrustations de nacre de
perles gravée.

Le pourtour est enrichi d'ornements divers, et
sur le couvercle se trouvent deux personnages
dans un char traîné par deux chevaux et guidés
par l'amour. A l'intérieur du coffret est un petit
plateau d'écaille à ornements piqués d'or.

4 — Plateau ovale en écaille piquée et posée d'or, avec
incrustations de nacre de perles gravée, bordure
en vermeil.

Son ornementation se compose de jeux d'enfants
dans des médaillons, et d'ornements divers.

Il repose sur un piédouche en écaille piquée
d'or, monté en vermeil, et à l'intérieur de la coupe
se trouve une petite figurine de Bacchus enfant
debout, en vermeil,

5 — Coffret de forme contournée en nacre de perles gravée,
avec applications d'ornements et sujets divers
en or de couleur Sur le couvercle se trouve un
sujet champêtre avec figures, dans le style de
Boucher. Travail du temps de Louis XV.

6 — Jolie coupe en cristal de roche, forme coquille, à ornements gravés.

7 — Un très-fort lot de cristaux de roche pour lustres.
(Sera divisé).

8 — Verre à boire en cristal de roche, monté sur piédouche à ornements gravés. (Fracturé).

9 — Diptyque en ivoire sculpté, divisé en quatre compar-
timents représentant des sujets religieux, sous des
arceaux de style ogival. Travail du xve siècle.

10 — Vidrecome en ivoire sculpté en relief, présentant une bacchanale d'enfants. Il est monté et doublé en vermeil, et le couvercle est surmonté d'un groupe d'enfants en ivoire sculpté.

11 — Boîte à thé de forme hexagone, en vermeil, enrichie de plaques en jaspe et d'ornements en relief, finement émaillés sur argent. Travail du temps de Louis XIII.

12 — Encrier en forme de cassette, en fer, à ornements dorés. Travail du XVIe siècle.

13 — Modèle de coupe en bois sculpté, forme coquille, supportée par un groupe de deux enfants et d'un dauphin.

14 — Deux pistolets à rouets à bois, entièrement couverts d'incrustations d'ivoire gravé, à figures d'animaux et ornements divers.

15 — Deux Statuettes en bronze, amours debout sonnant de la trompe. Travail italien.

16 — Autre statuette en bronze, Jupiter debout.

17 — Deux petites statuettes de génies assis, en bronze italien.

18 — Dessus de guéridon en porphyre oriental rouge.

19 — Un autre, plus petit.

20 — Horloge de bureau, de forme carrée, en cuivre argenté, à bustes et ornements divers gravés.

21 — Pulvérin en ivoire sculpté, à animaux divers, en relief.

22 — Petit coffret carré en cuivre. Le couvercle enrichi d'une plaque en émail de Limoges, peinte en grisaille, présentant un combat de cavalerie. Monogramme I. P.

23 — Petit groupe en ivoire sculpté, enfant, Bacchus et satyre, sur socle en agate d'Allemagne.

24 — Autre petit groupe en ivoire sculpté, Léda et le Cygne.

25 — Petite statuette d'enfant debout, en ivoire sculpté.

26 — Deux pommes de cannes, l'une d'elle présentant le triomphe de Bacchus d'après l'antique, l'autre ornée de quantité de masques grotesques.

27 — Deux bas-reliefs sculptés sur ivoire, Vulcain forgeant, et Pyrame et Thisbé.

28 — Douze petites statuettes en bronze doré, représentant des saints personnages. Travail du xve siècle.

29 — Petite montre Louis XIII, en cuivre, à ornements ciselés et dorés.

30 — Neuf verres allemands à peintures diverses. (Seront vendus séparément).

31 — Deux paires d'éperons en fer.

32 — Petite statuette en bronze doré, hercule debout.

33 — Autre statuette en bronze doré, Auguste le Fort, de Pologne.

34 — Autre statuette, empereur d'Allemagne debout.

35 — Couteau de chasse à poignée en ivoire sculpté à sujets de chasse, garde en cuivre ciselé et doré.

36 — Quatre haches d'armes, à manches en os, à figures et ornements gravés.

TABATIÈRES

37 — Tabatière carrée en or, entièrement couverte d'un
travail de mosaïque composé de bandes d'agate
rubanée de diverses nuances, présentant l'aspect
d'un treillis ; comme entre-deux se trouvent des
petites rosaces en or gravé.
Travail de Nenbert de Dresde,

38 — Tabatière ovale en or, enrichie d'un travail de mo -
saïque en agate veinée, cornaline, etc. ; le fond et
le pourtour sont enrichis de couronnes de fleurs
entourées de perles. Sur le couvercle se trouve un
médaillon ovale en verre bleu avec chiffre en roses
de Hollande, **A. F.** enlacés.
Travail de Nenbert de Dresde.

39 — Tabatière ovale en cristal de roche à ornements
Louis XV en relief gravés, et incrustations de gre-
nats en forme de pois, entourés d'un filet d'or ;
gorge en or à ornements gravés.

40 — Belle Tabatière en jaspe-onix et en forme de tigre,
dont les yeux et les dents sont en brillants et les
oreilles en or. Elle est montée à gorge en or.

41 — Grande tabatière ovale en or émaillé gros bleu, à
étoiles et points d'or et à bordures, frises et pilastres enrichis de feuillages verts et d'émaux imi-
tant l'opale. Sur le couvercle se trouve une mosaïque de Rome, de forme carrée, avec entourage
en or repoussé, et émaillée, à attributs religieux.
Travail du temps de Louis XVI.

42 — Tabatière ovale en or émaillé gris perle avec bordures à feuillages verts et or, sur fond gros bleu; sur le couvercle se trouve un médaillon ovale qui contient un portrait d'homme peint en miniature. Époque Louis XVI.

43 — Tabatière ovale en or émaillé fond vert et à mille raies, bordures et pilastres à ornements émaillés, verts sur fond blanc; sur le couvercle se trouve un médaillon de forme ovale, entouré, ainsi que le contour du couvercle, d'un rang de demi-perles, qui contient une peinture sur émail à sujet de deux personnages.

44 — Tabatière ovale en or émaillé gros-bleu à bordures blanches et or; sur le couvercle se trouve un médaillon ovale, qui contient un portrait de vieillard, finement peint sur émail.

45 — Tabatière de forme carrée et plate en or émaillé à mille raies, bleu et or alternés, et à fleurons et pois ciselés; le couvercle est enrichi d'une peinture sur émail: l'Éducation de l'Amour. Travail de Genève.

46 — Petite boîte ovale en or guilloché, à bordures ciselées et émaillées rouge-orange, et bandes émaillées blanc. Époque Louis XVI.

47 — Petite boîte longue en or, à sujets marines, peints en camaïeu rouge sur fond rouge opale, bordures à pois blancs sur fond rouge. Époque Louis XVI.

48 — Tabatière ovale et plate, en or émaillé gros bleu, à ornements gravés réservés et à rosaces gravées sur fond d'émail bleu clair. Époque Louis XVI.

49 — Tabatière ovale, en or ciselé, à fleurs et pois en relief; sur le couvercle se trouve un médailon ovale
peint sur émail : Diane et Endymion. Époque
Louis XVI.

50 — Tabatière de forme oblongue, en or émaillé gros
bleu, à bordures à ornements réservés sur fond
d'émail de diverses nuances; le couvercle est enrichi d'un vase en or ciselé à fleurs et à anses en
perles fines. Cette boîte contient une musique.
Travail de Genève.

51 — Petite boîte en forme de livre, en or émaillé et enrichie de perles fines ; le couvercle forme cassolette.

52 — Petite boîte en or émaillé; le couvercle est occupé
par un lion couché; le fond et le pourtour émaillés
rouge à bordure gravée et émaillée en bleu et
noir.

53 — Petite boîte à cure-dents, de forme longue, à pans
coupés, en or émaillé en partie; sur le couvercle,
des enfants donnent à manger à des volatiles.

54 — Grande et belle boîte en agate, à cuvette gravée à
côtes; elle est montée à gorge en or enrichie de
roses. Sur le couvercle se trouve une rosace en
or enrichie d'un saphir et de brillants.

55 — Boîte carrée en jaspe, montée à cage et à gorge en
or.

56 — Tabatière de forme contournée, en jaspe, à cuvette,
montée à gorge en or.

57 — Tabatière de forme carrée, coins arrondis, en jaspe-
agate, montée à cage et gorge en or.

58 — Boîte ronde en lapis, enrichie de mosaïque pierres diverses ; le couvercle est enrichi d'un médaillon en or ciselé ; la boîte est doublée et montée à galons en or.

59 — Tabatière forme oblongue, en malachite, montée à cage et doublée en or, par Vachette et Ouizille.

60 — Tabatière ovale en aventurine de Venise, montée à gorge en or.

61 — Petite boîte de forme carrée et plate ; le dessus et le dessous formés de deux plaques en caillou d'Égypte, le pourtour et la gorge en or à moulures.

62 — Petite boîte très-plate, ornée de deux plaques de jaspe de diverses nuances ; le pourtour et la gorge en or à moulure.

63 — Très-petite boîte, forme ovale et haute, en cristal de roche, taille diamant, montée à gorge en or.

64 — Petite boîte de forme contournée, à cuvette en cristal de roche, montée à gorge en or gravé.

65 — Tabatière forme carrée, en agate de l'Inde, montée en vermeil.

66 — Tabatière en nacre de perles sculptée à figurines dans le style de Watteau, montée à cage et doublée en vermeil.

67 — Autre boîte, en nacre de perles sculptée, à rosaces à incrustation de petites olives en turquoises ; cette boîte est montée à cage et doublée en vermeil.

68 — Tabatière en écaille, à gorge en or ; le couvercle est orné d'un repoussé sur argent, par Kirstein, et représentant Guillaume-Tell et Gessler.

69 — Petite boîte, forme longue, en émail bleu aventuriné,
montée à gorge et galons en or.

70 — Drageoir en ivoire, le couvercle orné d'un bas-relief,
Nymphe couchée, Satyre et Amour dans un pay-
sage.

71 — Petite boîte en forme de panier, en verre bleu, montée à gorge en or.

72 — Boîte carrée en nacre de perle, à pois et gorge
en or.

73 — Boîte de forme octogone, en argent, à bandes gravées réservées sur fond d'émail bleu ; le couvercle
est enrichi d'une plaque d'agate à l'extérieur, et à
l'intérieur se trouve un médaillon rond, peint sur
émail, portrait de jeune femme.

74 — Tabatière carrée, en ancienne porcelaine de Saxe, à
sujets dans le style de Watteau, et paysages finement peints ; gorge en or.

75 — Tabatière carrée, en ancienne porcelaine de Saxe,
présentant sur toutes ses faces des vues de Dresde
et de ses environs.

76 — Autre boîte, en ancienne porcelaine de Saxe, de
forme carrée, coins arrondis, à sujets, personnages
dans des paysages sur toutes ses faces ; gorge en
vermeil.

77 — Boîte de forme carrée, en ancienne porcelaine de
Saxe, décorée de sujets militaires ; gorge en vermeil.

78 — Boîte carrée, en ancienne porcelaine de Saxe, médaillons finement peints, paysages enrichis de
personnages ; à l'intérieur du couvercle, se trouve
un sujet mythologique ; gorge en vermeil.

79 — Grande boîte, forme carrée, en ancienne porcelaine
de Saxe, à sujets de personnages dans des paysages;
gorge en vermeil.

80 — Boîte en forme de tête de lion, en ancienne porcelaine de Saxe ; l'intérieur du couvercle présente
un sujet de chasse au tigre ; gorge en or.

81 — Boîte de forme carrée, coins arrondis, en ancienne
porcelaine de Saxe, à sujets champêtres ; à l'intérieur du couvercle, se trouve une femme nue
couchée.

82 — Boîte ovale, en ancienne porcelaine de Vienne, à or-
ments gauffrés et à sujets de personnages, dans le
style flamand ; gorge en vermeil.

83 — Boîte en ancienne porcelaine de Saxe, forme ovale
à cuvette, à médaillons, paysages enrichis de personnages.

84 — Boîte ovale, en porcelaine de Saxe, le fond décoré
à coquilles bleues et médaillons, style Watteau, et
bouquets de fleurs.

85 — Boîte de forme ovale allongée, en ancienne porcelaine de Saxe, décorée de paysages enrichis de
personnages.

86 — Boîte de forme oblongue, en ancienne porcelaine
d'Allemagne, décorée de paysages ; à l'intérieur
du couvercle, se trouve un sujet d'après Boucher.

87 — Boîte en forme de corbeille, à petites fleurs en relief;
gorge en vermeil.

88 — Boîte en porcelaine tendre, magot accroupi ; gorge
en argent.

89 — Boîte de forme carrée plate, en ancienne porcelaine de Saxe, décorée de fruits et de fleurs; à l'intérieur du couvercle se trouve un paysage enrichi de figures et de cavaliers.

90 — Boîte en émail de Saxe, de forme contournée, décor camaïeu rouge.

91 — Petite boîte de forme contournée, en ancienne porcelaine de Saxe, décor dans le goût chinois; gorge en vermeil.

92 — Sept boîtes en ancienne porcelaine d'Allemagne. (Ce lot sera divisé.)

93 — Boîte ronde, en vernis de Martin, fond rose; sur le couvercle se trouve un médaillon d'Amours jouant à la main chaude.

94 — Tabatière ovale en écaille, à monuments et ruines, en posé d'or, d'argent et de Burgau.

95 — Boîte ronde, en poudre d'écaille, à rosaces et ornements en posé or.

96 — Bonbonnière ronde, à ornements divers émaillés sur fond bleu, montée en gorge et doublée en bas-or.

97 — Bonbonnière ronde, en écaille blonde, à monuments et ornements divers en posé or.

98 — Boîte ronde, en poudre d'écaille, à galons en or, et couvercle orné d'une miniature.

99 — Tabatière de forme carrée, coins arrondis, en écaille, à ornements en relief; à l'intérieur du couvercle se trouve une miniature; sujet de conversation dans la manière de Klinstett.

100 — Petite boîte à mouches, en nacre de perle, à ornements dorés ; gorge en argent.

101. — Sept boîtes diverses, en ivoire, agate, etc. Seront
vendues par lots.

BIJOUX

102 — Bijoux en or émaillé du xvɪᵉ siècle, enrichi de trois
perles fines : l'Annonciation.

103 — Petite croix en or émaillé fond noir, les quatre ex-
trémités se terminant par des têtes de mort émaillées blanc.

104 — Plaque d'ordre, en or émaillé, portant une croix au
centre, se terminant par une perle pendeloque,
avec calotte en rose.

105 — Bague en or, enrichie d'un beau brillant jaune,
recoupé.

106 — Bague en or, enrichie d'une forte rose de forme
ovale, entourée de petites roses.

107 — Bague en or, enrichie d'un rubis entouré de brillants et de roses.

108 — Bague en or, enrichie d'une grande et belle émeraude carrée, taillée à dégrés, entourée de brillants et de roses.

109 — Bague en or, enrichie d'une émeraude entourée de
brillants.

110 — Autre bague en or, enrichie d'une émeraude entourée de brillants.

111 — Bague marquise, à étoile et entourage en roses sur
verre bleu.

112 — Bague marquise, avec entourage de brillants et ins-
cription en roses : « Uni à la vertu ; » sur verre
vert.

113 — Bague en or, enrichie d'un bouquet en diamants-
table et rose.

114 — Autre bague analogue.

115 — Autre bague à bouquet en roses.

116 — Bague en or émaillé noir, à rosace enrichie de dia-
mants-table.

117 — Bague en or, enrichie d'une améthyste, entourée de
demi-perles.

118 — Bague juive de mariage, en or émaillé, à ornements
en filigrane d'or.

119 — Bague en or émaillé, enrichie d'un grenat et de deux
brillants-table.

120 — Bague en or émaillé, à tête de mort, et enrichie de
deux petits rubis.

121 — Châtelaine et sa montre en or émaillé, à figures et
attributs.

122 — Grande et belle montre à incrustation de pierres
précieuses, et à boutons et poussoir en roses.
Travail de Dresde.

123 — Montre en or, à incrustation de lapis et à bordure
ciselée à fleurs.

124 — Montre Louis XIII, en or émaillé, à figures et
paysage.

125 — Bague en or contenant une montre, avec bordure
en roses.

126 — Montre en forme de guitare, en or émaillé, enrichie
de demi-perles.

127 — Montre en or, à ornements ciselés, enrichie d'un
émail ovale et à bordure en jargon.

128 — Montre en or à ornements ciselés, enrichie d'un
émail ovale, sujet de chasse.

129 — Montre Louis XVI, en or émaillé : Offrande à l'autel
de l'Hyménée.

130 — Montre en forme de pomme, en or émaillé gros
bleu.

131 — Montre en forme de bouton de rose.

132 — Trois bracelets en or émaillé, enrichis de chatons
de pierres fines. Seront vendus séparément.

133 — Collier en or à chatons enrichis de pierres, et pen-
dentifs en or émaillé.

134 — Bracelet en filigrane d'or, enrichi d'émeraudes et
de fleurons émaillés.

135 — Ceinture à plaques d'argent repercées à jour, enrichies de fleurons en or et de turquoises vieille
roche.

136 — Petit étui en or repoussé, à ornements de style
Louis XV.

137 — Petite broche enrichie d'un émail; peinture en
grisaille sur fond rose, entourée de turquoises.

138 — Pistolet en or émaillé, enrichi de perles fines. Il
contient une montre et une cassolette.

139 — Porte-cartes en cristal de roche, monté en or, à
moulures.

140 — Souvenir en vernis Martin, fond rose, à plaques
émaillées, bordure et galons en or ciselé.

141 — Souvenir enrichi de peintures sur verre, et monté en
or ciselé.

142 — Etui en or émaillé, à figures et ornements divers.

143 — Étui en argent émaillé, à douille et galons en or.

144 — Étui en vernis genre Martin, à figurines d'Amours
soutenant des guirlandes de fleurs.

145 — Bec de canne en chrisoprase gravée, à figures et
ornements.

146 — Deux couverts à dessert en vermeil ciselé, époque
Louis XVI.

147 — Peigne d'écaille, à incrustations de nacre de perle
et ornements en piqué d'or.

148 — Jolie pipe en écume de mer, à tuyau en ambre,
montée en or.

149 — Un fort lot de bijoux de strass. Sera divisé.

150 — Étui en agate d'Allemagne, gorge en argent et poussoir en brillants.

151 — Émail Louis XIII, dans une monture en filigrane
d'or, enrichi de perles.

152 — Quatorze petits émaux de différentes époques, qui
seront vendus par lots.

153 — Onze éventails en nacre de perle et ivoire sculpté,
à feuilles peintes. Seront vendus séparément.

BRONZES MEUBLANTS

154 — Une paire de petits candélabres Louis XVI, en bronze
doré au mat, à trois branches à rinceaux placées
dans des vases bleus, supportés par quatre pieds
à têtes de boucs, et reposant sur des plinthes en
marbre bleu turquin.

155 — Deux candélabres en bronze, à deux lumières,
branches de pavots, tenues par des figurines
d'amours posées sur des socles en marbre blanc.

156 — Deux flambeaux à trépieds se terminant par des têtes
de satyres, en bronze doré au mat.

157 — Deux autres flambeaux à trépieds, se terminant par
des têtes d'aigles, en bronze doré en parties.

158 — Une paire de bras Louis XV, à deux lumières, en
bronze doré.

159 — Trois bras, modèle rocaille en bronze, à fleurs, en
porcelaine blanche.

160 — Pendule allemande, de forme carrée, à clochetons.
à double cadran et à sonnerie. Les angles sont
ornés de colonnettes, et elle est finement gravée
sur toutes ses faces. Socle en marbre blanc.

PORCELAINES

161 à 260 — Très-grand nombre de vases, cornets, potiches, bols, grands plats, compotiers, assiettes, cabarets, tasses, etc., en porcelaines de Sèvres, de Chine, du Japon, de Saxe, de Vienne et autres.

261 à 319 — Quantité de groupe et figurines, en ancienne porcelaine de Saxe et autres.

320 — Joli cabaret en Wedgwood, à figures en relief, blanches sur fond bleu.

321 — On vendra sous ce numéro les objets omis.

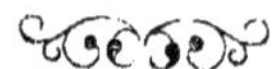

Renou et Maulde, imprimeurs de la Compagnie des Commissaires-Priseurs, rue de Rivoli, 144. 1866